小学館文庫

育てたように子は育つ

相田みつを 書　　佐々木正美 著

小学館文庫

発刊にあたって

佐々木正美先生は実践の人、先生を知る人はこんな印象を持つようです。先生について作家の赤川次郎さんが、「穏やかな人柄と、柔和な笑顔、そして暖かい語り口」と書いています。『穏やかな人柄』について「現代の子どもたちの心に接してきた、膨大な裏付けがある」と作家の目は見抜いています。

事実、先生は臨床現場の第一線に絶えず身を置かれ、子どもや家族と接していますから、高いところからものを見るようなことがありませんし、気さくで、とくに小さな子どもと接しているときのお顔は、端にいる私たちを和ませてくれます。温和な人柄と本当は双子ではないかと思うほど休息のない実践者、これが先生だと思っています。

この稿で佐々木先生についての紹介と、本の出版経緯に触れたいと思いますので、先生が書かれたエッセーからあるエピソードを紹介します。

あるとき、広島に向かう新幹線の車中で急病人が出たことを伝えるアナウンスがあったそうで、乗客の中でもし医師の方がいたら至急連絡をしてほしいと言うのです。その要請に、精神科の医師であるけれども、と先生は申し出られ、他に適当な医師がいない場合に限って役に立ちたいと伝えられたのですが、どうやら適任者がいないようです。

患者の若い女性は激しい嘔吐《おうと》、顔色蒼白《そうはく》、冷や汗があって額も手足も冷たくなり、相当な頻脈状態でしたが、「ひかり」は名古屋まで停車駅がありません。先生は「こだま」の次の停車駅で臨時停車を提案し、駅での救急車の待機も要請し、ご自身も三島駅で下車をされました。妊娠を疑われた先生の問いかけは正しかったようで、流産しないように産科のある病院を救急隊に伝え、先生は次の列車で目的地へ向かわれたということです。

あれから十年、新幹線で出会った女性夫婦との年賀状の交換がずっと続けられ、そのとき生まれた女の子の名前を夫婦は、「正美」と、恩人と同じ名前にしたというのです。

著者のまわりにはこういったエピソードが多く、〝心の遣い方〟を教えられます。

佐々木先生とは十五年以上にわたって、子育てを中心にした仕事をご一緒させていただいていますが、先生の『穏やかな人柄』はますます磨きがかかっているのを感じます。

その先生と相田みつをさんというすばらしい詩人が〝出逢う〟ことになりました。

相田さんの詩は解釈がいらない詩だと思っています。実際、相田さんの書の前に佇《たたず》めば、〝いのち〟がゆさゆさと揺さぶられるわけですし、〝感動〟がじわじわと湧《わ》き上がってくるのですから。

「出逢いが人間を変えてゆく」と詩にあります。先の佐々木先生のエッセー本のタイトルもまた『人生☆出会いと別れ』です。おふたりとも出逢うことの大切さを強調されているのも、何か引き合う力を感じます。この出逢いで詩はさらに美しい光彩を放つのか、はたまた詩の優しさと強さを確信した医師の言葉は人にいっそう大きな癒《いや》しを与えるのか。気にもなりますし、楽しみなところでもあります。

本書の出版企画を提案したのは私ですが、テーマを「子育て」にした理由は、若いお母さん、そしてお父さんの子育ての援助になればとの思いによります。

育児不安やストレス、ノイローゼと、子育てのマイナスの面ばかりをマスコミは強調しすぎてきたように思います。相田みつをさんの詩を通して、もっと育児を、さらには自分自身を輝かしいものとして見られないだろうか。詩のように温かな目で人を見ることができたら、きっと育児の楽しさも湧いてくるはずではないか。本書はこんな意図が出発点ですから、詩の解説本ではありません。むしろ従来にない子育ての本、と言ったほうが正しいのかもしれません。多忙な佐々木先生にはおよそ半年間にわたり相田みつをさんの詩についての文章の推敲《すいこう》をしていただきました。週に一度、横浜から倉敷の大学まで通われる新幹線の車中が好きだという先生には、その楽しみを奪ってしまったかもしれません。「いやいや、そんなことはありません。楽しく往復の車中、考えさせてもらいましたよ」と言っていただき、改めて感謝しております。

さて、相田みつを美術館の紹介もしたいと思います。この美術館がじつにいいし、職員がまたいい。詩を体現されたような職員の姿勢に、美術館の精神が脈打っているのを感じます。相田一人《かずひと》館長にそんなことをお話ししたところ、「いやあ、まだまだです」と謙遜されていましたが、その日の反省会でしょうか、人の波が消えた静かな館内でのミーティングを私は目にしましたが、いい光景でした。

子どもとかかわる職業者として私は詩の影響を受けてきましたが、都会の故郷として美術館もまた多くの人たちを癒していくことでしょう。

子どもは未来からの使者と言われます。この使者たちにどんなバトンを大人たちは渡すのでしょう。そのことも相田さんはいのちの詩を通して話しかけてくれます。精神科医の思索《しさく》と一緒になったこの本が子どものしあわせに役立つことを願ってやみません。

一九九九年

子育て協会所長　杉浦正明

育てたように子は育つ◎目次

育てたように子は育つ

相田みつを　いのちのことば

みんなほんものの
トマトがねえ
トマトのままでいれば
ほんものなんだよ
トマトをメロンに
みせようとするから
にせものに

13　みんなほんもの

なるんだよ
みんなそれぞれに
ほんものなのに
骨を折って
にせものに
なりたがる

みつを

『いのちいっぱい』所収

私たち大人だって、自分に自信がないとき、あるいは自分が子どもだったころに自分の親や教師から、それでいいよと認められ愛されてきた経験がなければ、こういうきわめて当たり前なことばの、本当の意味に気づかないものである。そして、いつもいつもそれではダメ、こうでなければダメと言われ、トマトじゃダメだ、メロンになれと言われ続けてきたのでは、子どもたちに「そのままでいいがな」「トマトのままでいいがな」と言ってやることはできないのかもしれない。

でも努力して、トマトのままでいいよ、トマトのままがいいよと、心から言ってやれる大人になりたいと思う。そうすれば子どもたちは、それぞれがほんもののまま輝くから。

◉両親の「理想の息子」だった自分は、無意味な存在

古い柱時計の文字盤の中に「恐ろしい悪魔のような顔」が見え、「いつもいい子ぶってばかりいるなっ、この八方美人めっ!」と話しかけてくる幻覚に悩む大学生が、両

親に伴われて来た。「理想の息子」だった自分の半生を無意味と感じ、それまでの行動はすべて「やりたいこと」よりも「やらねばならないこと」に支配され続けてきたのだと思えた。「やらねばならないこと」は、両親の願望であった。青年は、青年期に至ってやっと、親にとって理想的であることが「自己の不在」と同義であることに気づき始めたと言える。

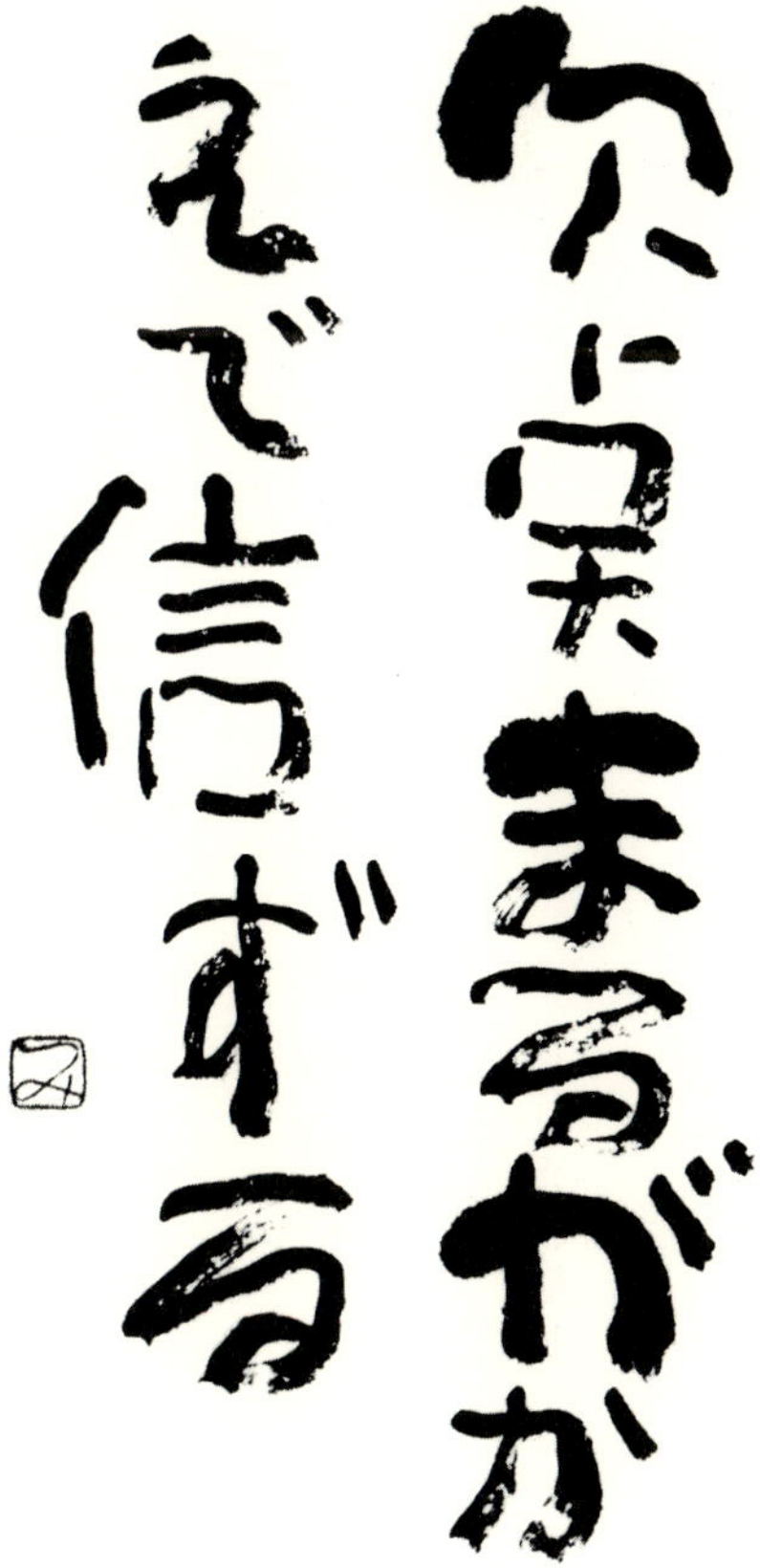

『雨の日には……』所収

これは子どもを育てるために必要な最高の愛、最も自然な愛のある態度である。子どもが最も安心して成長していける親や教師や大人のありようである。子どもに最も大きな自信を与えることができる大人の姿である。私たちは相手が花であれば、どんな花にでも、その色や形や咲く季節などを気にかけることなく、それぞれが十分に美しいと感じることができる。

そのように、子ども一人ひとりをそのままで十分に美しいと感じることができるような感性を、私たちも一人ひとり磨きをかけて、子どもを迎えてやりたいと思う。

私には、この「信ずる」が快く響く。「認める」ではなく「信ずる」というのが何ともいい。子どもは認められているより信じられているほうが、ずっと生き生きすると思う。こちらの価値観を修正して相手を認めるのではなくて、子どもの存在そのものをそのまま信じていてやるのである。信じるとは、信じる者にとってもこの上ない安らぎである。

◉子どもは、分かってもらいたいのだ

中学二年から登校拒否状態に陥り、強度の不潔恐怖を伴った強迫神経症に苦しんだ少年がいた。体が汚染されたと感じ、何時間も入浴したりした。父親は少年を頭から「ろくでなし」と決めつけ、少年は「どうしても自分を分かってもらえない」と苦悩した。少年は家出したが、盗みで捕まり、教護院での生活を六か月強いられた。だが教護院生活で少年はたくましくなった。住み込んだ新聞店主の忠告で、菓子店に勤めた。教護院の教官や新聞店の店主が自分を分かってくれたと思ったのだろう。今は菓子職人となり二児の父である。

肥料

あのときの
あの苦しみも
あのときの
あの悲しみも

みんな肥料に
なったんだなあ
じぶんが自分に
なるための

みつを
み

新版『いちずに一本道　いちずに一ツ事』所収

存在する意味や価値のない人間はひとりもいない。ということは、誰にとっても意味のない時間はないということである。あらゆる時間のあらゆる営みに意味があり、それぞれの人間の歴史を刻んでいく。

怠《なま》けているように見える時間は、大抵《たいてい》は心のエネルギーの充足のために必要な休息の時間なのだ。休息のあとに続く活動や思索のために必要な、本当に必要な休息の時間なのだ。どんなに長く続く休息に見えたって、本当に必要な時間なのだ。そのことは、本当に十分の休息を与えたあとになってみるとよく分かる。分からないのは、不十分なうちにせき立てて次の活動に追い込むからである。

本当に必要な休息や回り道の時間なのに、誰かが怠けているなどと言うものだから、やがてその子は自分のことを、本当に怠け者で存在価値が小さな人間だと思い込んでしまう。初めから自分の価値が小さいなどと思って生まれてくる子どもは決していないのに。

悲しみや苦しみを乗り越えて生き抜く力を子どもに与えることは、自分の価値が大きいものであることを常日ごろ教えておいてやることである。自分の価値を信じる力、深い静かな自信を育てておいてやれば、苦しみや悲しみは喜びや気楽さよりも、真の人格を育てるために大きな潜在力になるであろう。

だがしかし、自分を信じられるような愛情に恵まれないまま、悲しみや苦しみが与えられたら、子どもは自分の人格を破壊してしまう。生きる力さえ失ってしまうこともある。

◉若者の真の成長には、「むだ」が必要

親に対してひどい暴力を振るう男子の中学生や高校生の相談があとを絶たない。両親の不幸もさることながら、自分の親に暴力を振るわなければならない若者の無力感、孤立感に、同情や思いをはせてしまう。若者の十何年間かの過去に、年齢相応の思索《しさく》をする雰囲気や、時間的・精神的余裕が、どれほど与えられたか疑問だ。少年や若者が、真の成長のために必要なものは、現在の親や教師の多くが軽視しがちで「むだ」と思われる行為の中にある。登校拒否で高校を一度中退し、社会人生活を経験したあとに復学した例も少なくない。

待つ

待ってもむだな
ことがある
待ってもだめな
こともある

待ってもむなしき
ことばかり
それでもわたしは
じっと待つ
みつを

『にんげんだもの』所収

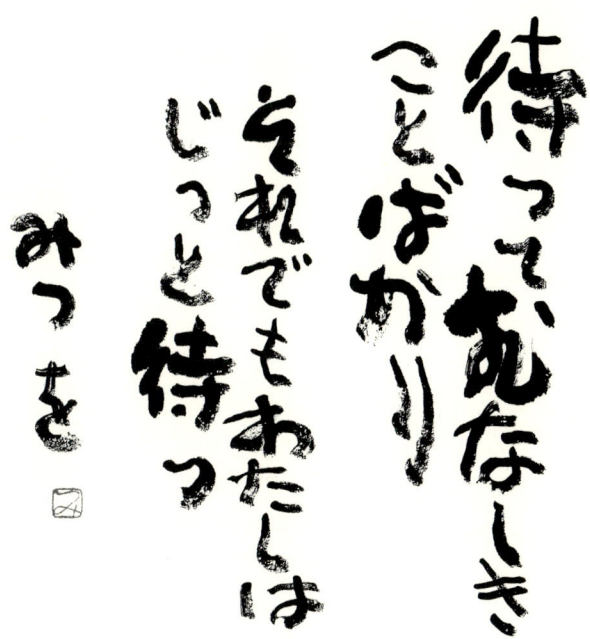

子どもに限らず草花でも農作物でも、何でも育てることが上手な人は、待つことが上手な人だと思う。待っていることに喜びや楽しみを感じていられる人である。しかし待つことの喜びは、日常の努力と相関する。最善を尽くしているという実感があれば、待つことの楽しみは最大になるであろう。そして、結果を問わない気持ちができていれば、待つことは安らぎでもある。

子どもを育てるとき、努力と結果を問題にするならば、先の結果よりも努力の「今」に共感をしてやりたい。休息の「現在」であれば、その現在を静かに見守っていてやりたい。休息が終わって活動を再開するのを、いつまでも待っていてやりたい。はた目には待っていてやったことが無駄だったように見えても、かけがえのない親子のような関係の者にとっては、苦楽を分かち合った者にしか分からない存在の重みの感動が必ず残る。だからじっと待っていてやりたい。

深夜に帰る子どもを寝ないで待っていてやること、雨の日に傘を持たずに出かけた子どもを、駅の改札口で傘を持って待っていてやること、子どもを育てることも農作物を育てることも、「育てる」ということは、そうしたことの積み重ねである。子どものために、そういう日々の営みの連続に、ひそかな誇りのある喜びを感じ続けていてやりたいと思う。

子どもの中の自律性や自立性は、待っていてやるからこそ育つ。

◉「やらねばならないこと」より、「やりたいこと」を

些細《ささい》な親の注意にカッとして、母親のろっ骨を折ってしまったり、家中のガラスを割ったりする若者もいる。彼らに共通していることは、小さいころは「素直ないい子だった」ことである。じつは、「やらねばならないこと」を優先する習慣がついて、本当にやりたいことをやる能力を失ってしまったのである。彼らはそのことに大きな不満と悔いを感じ、混乱し、人生を最初からやり直そうとしているように思えてならない。

両親は、自発性や創造性が育つよう、干渉しすぎないやり方で根気よくやり直さねばならない。

ひとりに
なりたい
ひとりは

29　ひとりに

相田みつを美術館所蔵

子どもも大きくなるにつれて、ひとりになって気持ちを安めたり、思索《しさく》をしたりする時間や空間が必要であろう。くつろぐこと以外にも、希望、反省、計画、さまざまなことに思いをめぐらしながら、ひとり静かに自分と対話をする時が欲しい。子どもでなくたって誰でもひとりになりたい時がある。

しかし、しかしだ。必要ならばいつでも、話し合いや相談にのってくれる友人や家族がいなければ、そう容易に希望など抱けるものではない、素直に反省もできるものではない。

「孤独」になることは、時に必要である。あるいはしばしば必要になることもあるだろう。しかし「孤立」はいけない。信じられる家族を失ったり、共感し合える友人が得られなかったら、ヒトであっても「人間」ではなくなってしまう。「人」という字は、互いに寄りかかり合い支え合って形を作っている。そして人は人の「間」にいて、初めて「人間」になる。人はひとりでは生きていくことはできない。「ありがとう」と「どういたしまして」の繰り返しが、人間の生涯である。そういう人が持っている「ひとり」の時間に、豊かな意味がある。

◉「遊び」と「友人」こそ、人生の糧

友人のできないことを苦にして訪ねてくる少年がいる。ピアノのレッスンや勉強などのために、幼児期からあまり戸外で友だち遊びをしなかった。遊びならいつでもやれると思っていたし、友人も必要になれば容易に得られると思ったから、勉強やけいこごとのほうを優先させた、と母親は言った。最近は、勉強のよくできる子どもは珍しくないが、遊びの上手な子どもにはめったに出会うことがない。遊びのできない、友人も得られない子どもたちは、社会生活が困難であり、学校や社会での孤立は避けられず、不安と無力感にとらわれる。

出逢い
いつどこでだれとだれが
どんな出逢いを
するか
それが大事なんだ
なあ
みつを

人間の学習力の豊かさと強さには驚かざるを得ない。彼ら彼女らは、育てられたように育っていく。オオカミに育てられた少年・少女の研究や観察の記録に接すると、幼いころの人間の学習力や柔軟性には、本当に改めて驚かされる。

オオカミ少年たちは決して二本足では立って歩かず、四つ足で走り回っていた。手掴みで食事をすることなく、前足にあたる手で食物を押さえておいて、そこに口を持っていって食べたという。この場合、親オオカミが口で言うことを子どもたちが守ったのではなく、親の生きざまを見ているだけで、そのように育ったというところが心に響く。

教育は口や言葉でするのではなく、ただ手本を見せておくだけでよいという事実を、改めて教えられる思いである。子どもたちはオオカミに出会ったから、見事にオオカミになった。口であれこれ言われたからではないし、手とり足とりオオカミの作法を教えられたからでもない。オオカミに出会ったからオオカミになったのである。

私たちの人生は、出会いと別れがすべてである。「人の世の幸不幸は／人と人とが／逢うことから／はじまる／よき／出逢いを」（『おかげさん』所収）——
これも相田さんのことば。

◉友人を作れない子どもたち

学校は今や「集団」ではなくて生徒の「群」にすぎなくなってしまったという教師の嘆きをよく聞く。また、子どもに友人ができないという親の相談も増えている。安定した自我の成熟や人格の発達のためには、集団に参加することが必要である。受験勉強に追われ、クラブやサークルへの参加もままならない現代の若者は、旧世代との間の断絶だけでなく、同世代の相互間でも断絶し合っている。受験戦争のライバルとして友人を敵視しているような子どもさえいる。彼らの慢性的不安の根源は、社会的な孤立に原因があると言える。

しあわせ
はいつも
自分の

37　しあわせは

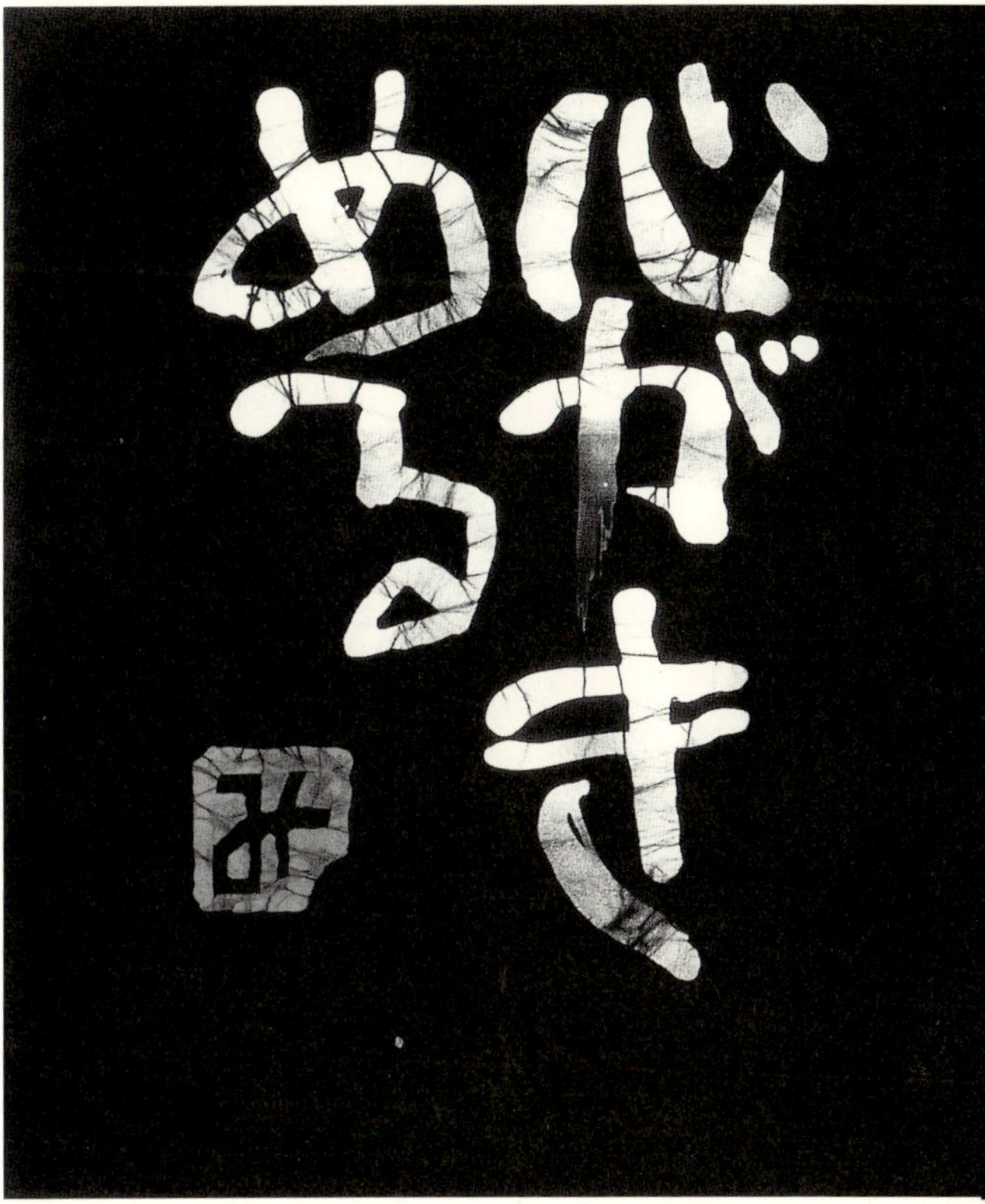

新版『いちずに一本道　いちずに一ツ事』所収

フロム（＊）は現代の西欧社会が持つ自由と豊かさについて思索《しさく》して、「現代社会の過剰と倦怠」と表現した。私たちはこれまで、生産（物質）と消費（欲望）が次々と生み出される社会に生きてきた。際限のない欲求や欲望を植えつけられて、必要とするよりも多くのものを持っているのに、これで十分だとは感じられないでいる。商品の速度と量についていけないで、いつも貧しいと感じている。食事についてダイエットを心掛けなくてはならないほどなのに、いつも不足を感じている。

このような受動的な生き方からは、永久にしあわせは見つけられない。幸福は能動的・主体的に、自分で感じとるものである。テレビのコマーシャルに左右されるだけのような生き方は、人間の心を嫉妬《しっと》、貪欲《どんよく》、無力感、劣等感で満たしてしまう。食事をするにも、テレビを見るにも、家庭で会話をするにも、しっかり自分の心で決める習慣を身につけなければ、幸福にたどり着くことなどできるはずがないと、フロムも教えてくれている。

「道はじぶんで／つくる／道は自分で／ひらく／人のつくったものは／じぶ

んの道には／ならない」（『いちずに一本道　いちずに一ツ事』所収）という相田さんのことばもある。

◉人形劇団に入ったら、体の痛みが消えた

　志望大学に入学できず、他に何もするあてがないと悩んでいた女子短大生が、全身の痛みに苦しんでいた。音楽家を志望していたが、入試前にある音大の夏季講習に参加し、自信を失った。志望を別の大学の文学部に変更したが、入試に失敗。たまたま受けた保育短大に「受かってしまって」から、全身の痛みを訴えるようになった。医学的検査では異常はなく、心因性の痛みではないかと疑われた。応対した私は彼女に、楽しみながら参加できるクラブ活動を勧めてみた。人形劇団に入り、音楽を担当するようになって、痛みを口にすることはなくなり、元気になった。

41　遠くから

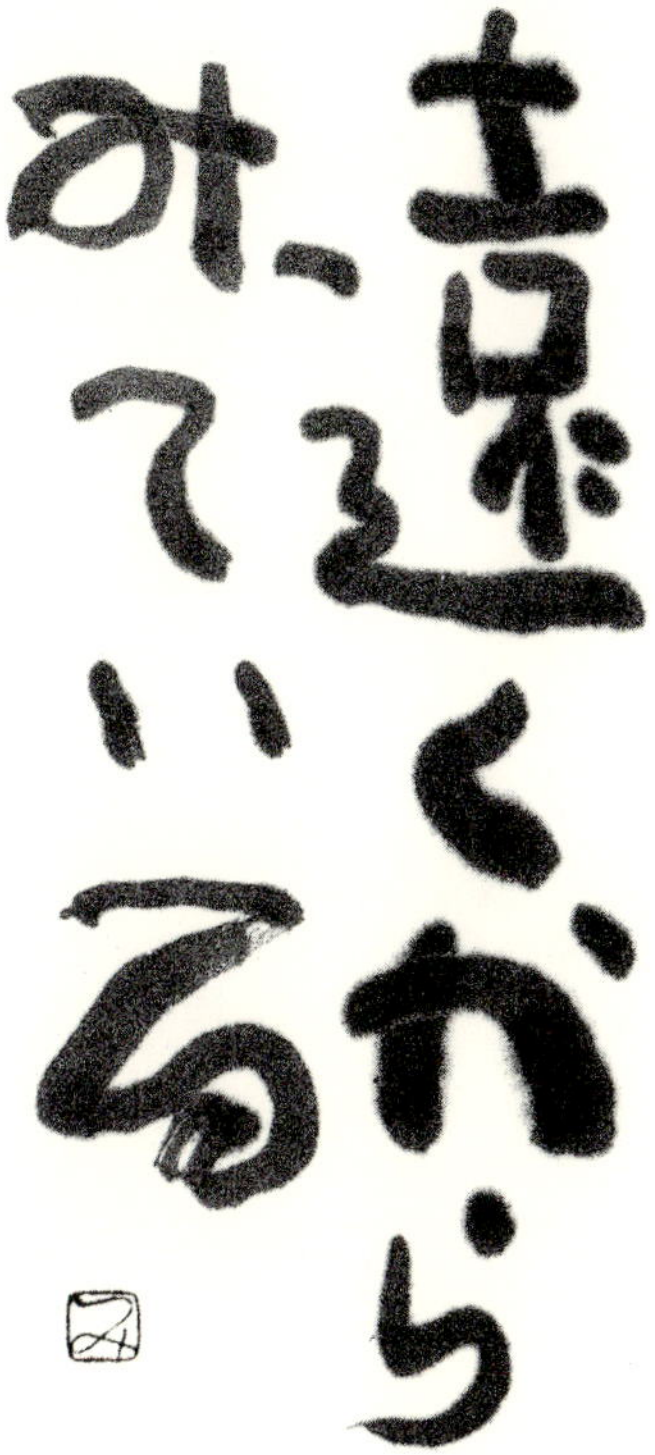

『雨の日には……』所収

知的発達障害の人々の結婚生活を支援している人たちに各地でよく会う。私自身もそういう人たちの活動を応援してきた。

そういう人々の生活を、年老いた両親が支援していることもあり、第三者が援助している場合もある。しかし一般には第三者が応援している場合のほうが、成功していることが多い。「遠くからみている」からであろう。だから両親が若い障害者夫婦と同居している場合が、最も破綻《はたん》をきたしやすい。両親がスープの冷めない距離より、もう少し離れたところから見守ることができている場合が、若い夫婦の生活は最も安定している。

子どもの自立を助けるというのは、そういうことであろう。しかし、遠くから見ていることができるのは、見ている人自身の自律や自立がしっかりしていなければならない。相手を信じられない人は、じつは自分を信じることができないでいる。

私は子どもを育てるということは、遠くから見守ることと、信じて待っていることだと思っている。

◉母親の過剰な配慮は、逆効果

極端に子どもの生活に深入りする母親は、自分の夫との精神生活が不在な場合が多い。夫との生活に充足感が得られないから、子どもの将来への幻想にすがろうとする。ところが母親の過剰な配慮に、子どものほうで感謝しているケースはあまりない。深夜の勉強中、夜食を作ってくれても、志望大学に合格できなかったときの母親の落胆ぶりが思われたりして、感謝するより先に、子どもは家や両親から逃げ出したくなる。自立を阻まれ、親の存在が重荷になる。家出をしたり、拒食をしたり、暴力的な反抗を繰り返したり、時には自ら死を選んだりする。

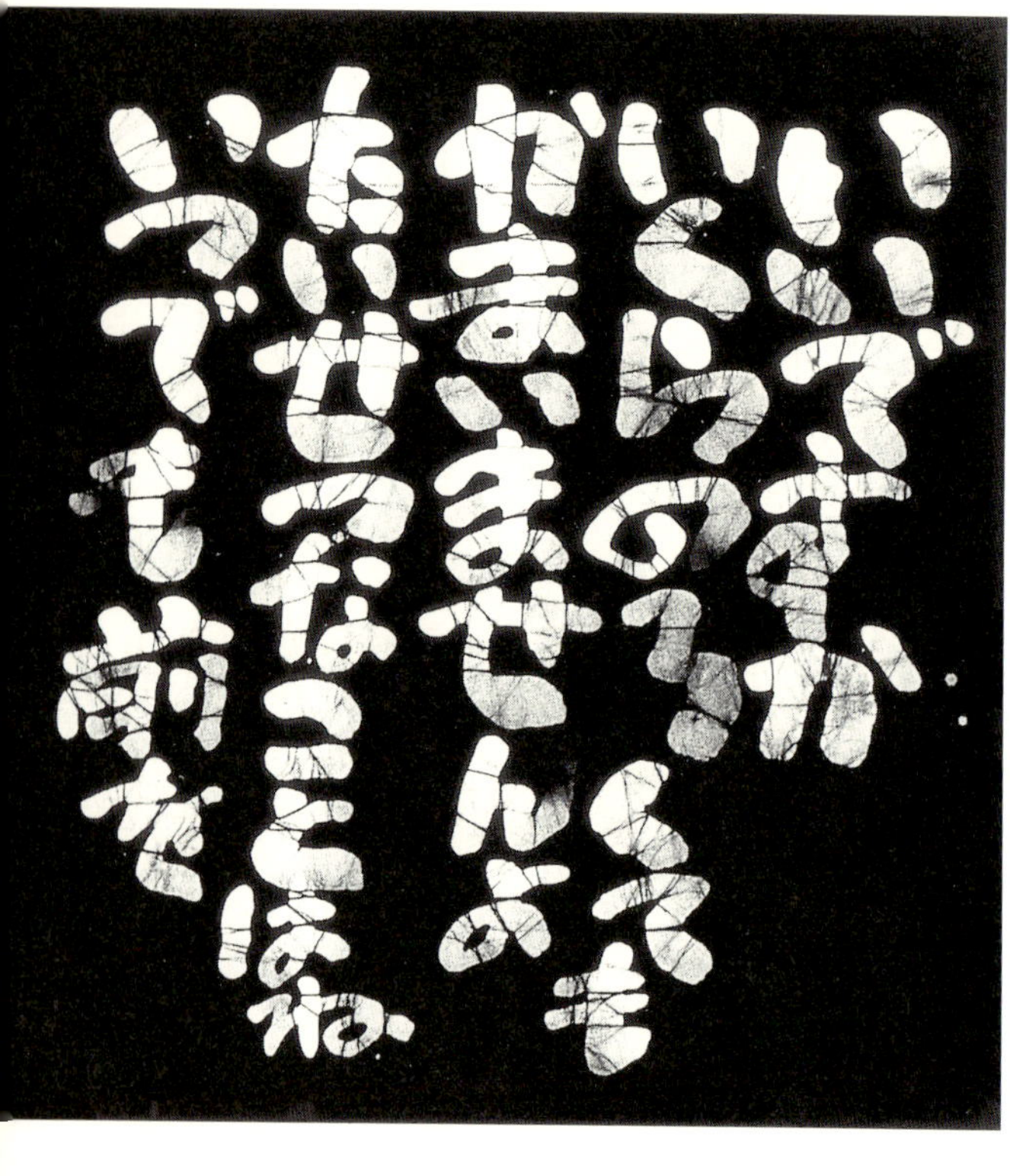
いいですか
いくらのろくてもいい
かまいませんよ
たいせつなことはね
いつでも前を

45　いいですか

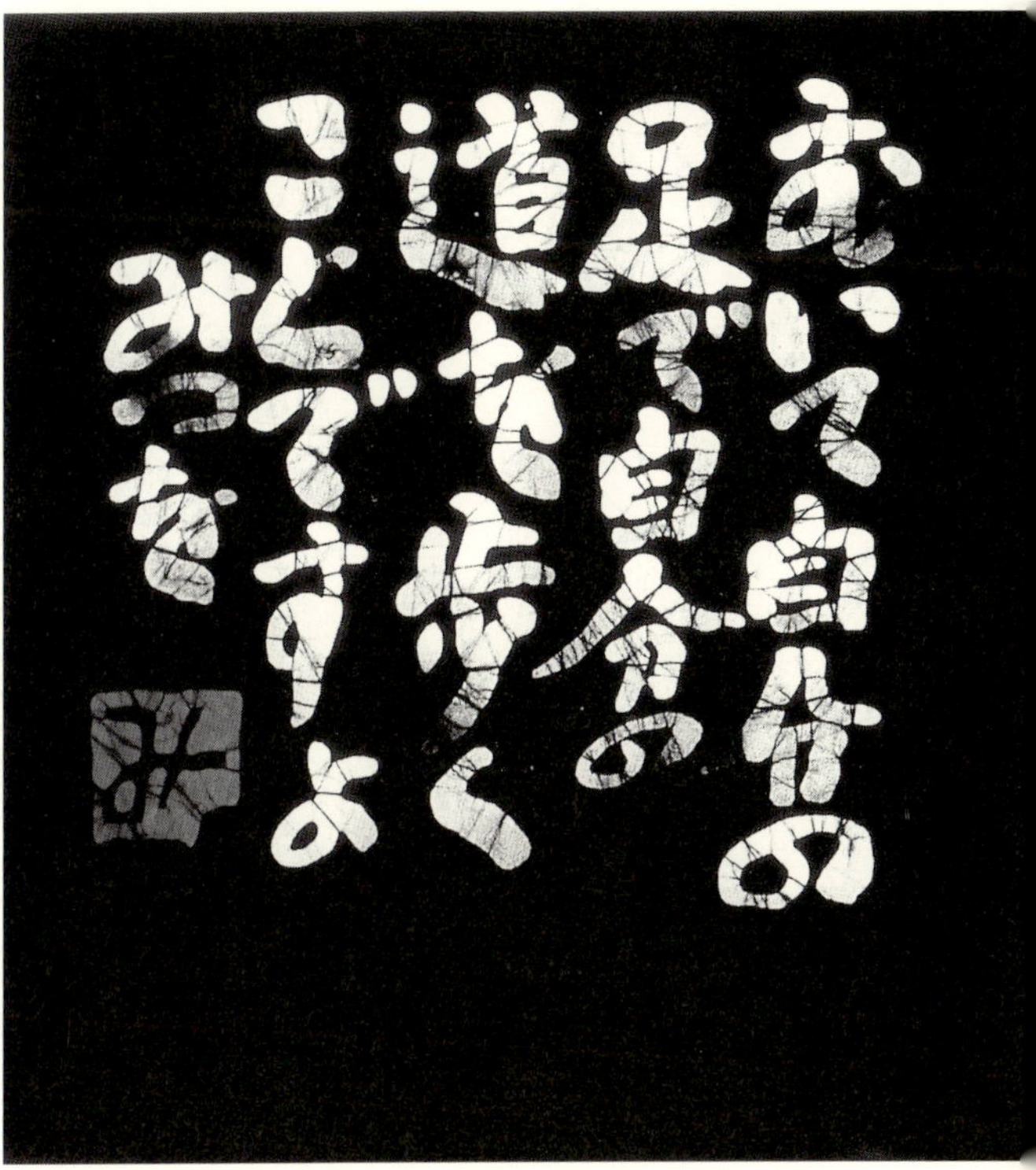
おいて自分の
足で自分の
道を歩く
ことですよ
みつを

『雨の日には……』所収

私はこんな子どもを持ちたいと思う。いつもほどよい努力をしている子を。しかし、決して努力の程度や結果は問わないでいてやりたいと思う。努力をしてよい結果が出れば、それは最高だが、たいして努力をしないでもよい結果に恵まれるような幸運な子どもよりも、努力をしてもしてもよい結果が得られない子どものそばにいられることに、本当に大きな幸福を感じていることを十分に伝えてやれる親や大人でいたいと思う。

◉若者に、各人各様の人生の目標を

毎日自宅でゴロゴロしている若者がいる。退屈だが何もやる気がしないので、そうしているより仕方がないと言う。自由社会で高度の経済成長を成し遂げた社会には、もはやそこに住む人々の間に、生きていることへの共通の目標がない。価値観が多様化し、不統一で混乱しているとか言われる一方、多様な価値意識を持てるはずの社会で、若者たちの生き方は、女学生のルーズソックスのように恐ろしいほどに画一的である。明確な人生の目標が、今日ほど各家庭に求められている時代はない。でないと、根なし草のような若者が、次々と生まれてくることになるだろう。

自分の番

父と母で二人
父と母の両親で四人
そのまた両親で八人
こうしてかぞえてゆくと
十代前で一〇二四人
二十代前では
なんと百万人を
越すんです

過去無量の いのちの
バトンを受けついで
いまここに 自分の番を
生きている

それがあなたの いのちです
それがわたしの
いのちです

みつを

相田みつを美術館所蔵

世代性を生きるという言い方がある。エリクソン（＊）はそれを壮年期の最も健康で幸福な生き方であると言った。先の世代の人たちが残してくれた多くの文化遺産を学び受け継ぎ、自分の時代を生きたあかしとして、先人の業績の上に小さな加筆や修正を試みて、それらを次の世代の人たちに残していけるという生き方である。

こういう生き方の幸福感は、壮年になって突然やってくるわけではなく、それまでを生きてきた個人の歴史の上に築かれるものであろう。

運動会のハイライトである、信じ合える仲間たちとチームを組んで、ただ与えられた能力のままに、一生懸命走るリレー競走のようなもので、バトンを受け継いでただひたすらに走るあの緊張と誇りの気持ちを、子どもたちの人生に与えてやりたい。いのちのバトンを受け継いで、今自分の番を走っている爽快《そうかい》な気持ちの高ぶりと、誇りのある日々を与えてやりたいと思う。

「俺のことを断りもなく勝手に生みやがって」、こんなことを親に向かって言う若者に出会うようになったのは、私の三十余年の児童臨床の中で、この十年余りの間のことである。野辺の花のようにただ咲けばよい、自分のいのちの番をただひたすらに咲けばよい。こういうメッセージが、子どもたちの心の奥底に静かに自然に届くような社会を作りたい。児童精神科の臨床医師として、ただひたすらそう念じている。

◉祖母を見舞う青年を愛した、かつての非行少女

ある寺院の娘が、脳震とうや全身打撲で入院してきた。いわゆる集団不純異性交遊の事実が父親に知れて、ひどい折檻《せっかん》をされたのだ。娘はそれから高校を卒業して三年後、ある青年と結婚した。彼は幼くして両親と死別し、母方の祖母に育てられた。娘が青年と出会ったとき、その祖母は恍惚《こうこつ》の人となって老人ホームに入っていた。毎月一回定期的に土産を持って、祖母を訪ねる彼の行為に「涙が出た」と彼女が電話を掛けてきた。青年が彼女に与えた感動を、親も教師も与えることができなくなっているのが今日の社会構造であろう。

53　そのままで

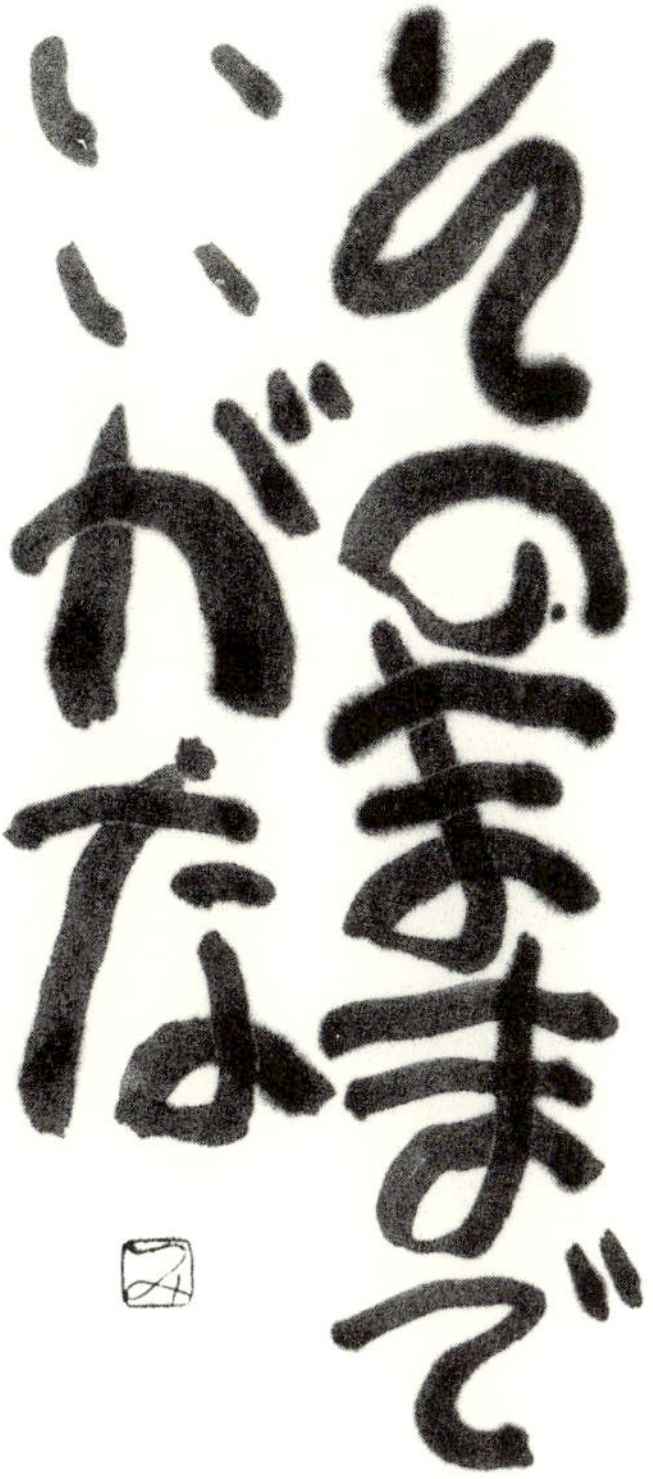

相田みつを美術館所蔵

これこそ、子どもへの最高の愛情の表現である。すなわち無条件の承認である。条件をつけない愛情である。こういう愛情が与えられれば、子どもは必ず生まれ持ったものを豊かに開花する。

しかし私たちは、大抵、条件つきでない愛情を与えることができない。これができればほめてあげる、あれができれば喜んであげる、これができないから腹が立つといったぐあいである。そして、その条件が大きければ大きいほど、子どもは相手に対する不信感を大きくして、自分への劣等感も大きくしていく。

「こういうことができるに越したことはないが、できなくたっていいんだよ」とか「そういうことができればいいけど、いつからそれができるようになるかは、自分で決めて努力すればいいんだ。いつまでも待っていてやるから。できなくたって、いいんだよ」、せめてこれくらいのメッセージにしておいてやりたいものだと思う。

『そのままで　いいがな』は、私がいちばん好きな相田さんのことば。本書の題名にしたかったほど好きなことばである。

◉自前の考えを持てない若者たち

親に対して暴力を振るう息子の相談があとを絶たない。なぐられて鼓膜や眼球を破損した母親や、骨折した父親の話など、もはやそれほど珍しくない。暴力を振るう若者は、あまりにもあてがいぶちの日常生活を押しつけられてきすぎた、という場合が多い。親の思い通りにいったときには賞賛され、その逆の場合には落胆や怒りの顔を見せられてきた。彼らは親の顔色をうかがいながら成長しているうち、自分でものを考える習慣を育てることができないまま思春期を迎えて、実態のない自分に、ひどい不安と困惑を感じているのである。

人間はねえ
自分よりも
人のほうが
よくなると

おもしろく
ねんだなあ
人間のわたし
みつを

『いのちいっぱい』所収

人間の誰にもある醜悪な部分である。この嫉妬心《しっとしん》ともいうべき感情が人間の向上心の原動力だと言う人もいるが、醜悪な感情であることには変わりない。子どもには本来この醜悪なところはない。だから自分にない資質や能力を持っている友人に恵まれることが喜びであったはずである。私にも、そういう子ども時代の記憶が十分にある。友だちから教えられ与えられるものがあって、自分が生まれ変わることができたという経験の記憶が豊富にある。山中で茸《きのこ》がよく生息している場所、鰻《うなぎ》の夜釣り、川での泳ぎ、兎《うさぎ》の交配、竹馬の作り方や乗り方、水彩画の書き方、これらのことはみんな友だちから教えられて身につけた。

エリクソン（＊）は、小学生のころの子どもにとって、将来勤勉に生きていくための社会的人格の基盤は、友だちから多くのことを学び、自分の持っているものをありったけ友だちに教え与えることによって形成されると言っている。まったく実感であり名言だと思う。人間が社会人として勤勉に生きていくためには、少年時代からそういう友だちとの相互関係が不可欠なのである。だから私たちは、自分よりも優れたものを豊かに持っている友だちに恵まれるように、子どもを育てなければならない。そういう友だちを持つことの喜びを十分に体験する前に、「偏差値教育」のようなことをしてしまうことは、子どもの人格をどのように壊してしまうか、私たち大人はもう十分すぎるほど教えられてしまったと思う。大人の醜悪な感情はいずれ身についてしまうのであろうが、そんなことは、できるだけ先送りにしておいてやりたいと思う。

◉教育を「外部に発注」する、教育ママ

優秀な中学や高校に合格しそうな生徒の教育にばかり熱心で、そうでない生徒を白眼視する、といった批判を、担任の教師に抱く生徒とその家族に数多く出会う。過度の教育ママも少なくない。教育ママとは、自分では子どもの教育をしないで、「外部に発注」する母親のことを言うようだ。もはや今日のわが国の社会は、人よりいい学校、いい会社に入る以外の規範を示してくれなくなっている。お互いに語り終わったあとに、爽快な充実感が残るような雑談を、夜を徹してできる友人や、ゆとりを持った若者がどんどん減っているようだ。

自己顕示
『この花はおれが
咲かせたんだ』
土の中の

肥料は
そんな自己顕示
をしない
おれのような

みつを

『にんげんだもの』所収

自分の勲章にできるような子どもに育てようとする親や教師やスポーツの監督がいる。

子どもを育てる大人たちが、土の中の肥料のように生きるのは容易ではない。親ならなおさらそうだろう。だから、本当はそういう生き方をしなければと思い続けながら生きることが、精一杯かもしれない。

しかし、こういう生き方をしたいと思い続けている大人に出会ってこなければ、子どもは安心して花を咲かせることも、実を結ばせることもできないで、人生の途中で枯れてしまうかもしれない。

土の中の肥料のように生きる。私は神を信じることで、そのような生き方の可能性に導かれつつある。神を畏《おそ》れて人を恐れないでいられる。自分の弱さや愚かさを神から十分に示されて、神に罪を許されて生きたいと思う。神に見守られることで安らいでいられるからその分、人からの賞賛は期待しないでいられるし、人からの非難も恐れないでいられる。

◉両親の夢が、子どもには重荷

親にとって家庭生活における最大の関心事は、子どもの成長である。両親はそれぞれ別々に、子どもの将来への夢を託《たく》す。親のほうではその夢と愛は、同義語のようになっているが、受け取る子どもの側では、重荷にしか感じていないという不幸な事例が少なくない。

両親の価値観に基づいた人生の目的のようなものを、日常的なやり方で教えられることなしに、ただ平素の学業成績の機械的な点数に一喜一憂されて、その延長線上に没個性的な期待をかけられるというだけの養育環境から、本当に自立できる若者は育つはずがない。

65　育てたように

育てたように
子は育つ

『雨の日には……』所収

親や教師や大人たちが、自分たちの思い通りに子どもを育てれば、子どもたちは他者の思い通りにしか行動できない人間になる。自主性、主体性、創造性といったものは当然育つはずがない。

まず子どもたちは、人と自分を信じることができるように、人生の最初に無条件の愛情に恵まれてから、上等の手本を見せられながら、社会の規範をゆっくり穏やかに教えられるのがいいのだろう。

時代や文化の影響を自分の力で上手に取捨選択できるように、自分の存在価値を実感できるような子どもにしておいてやればいいと思う。あなたはあなたのままで、他にかけがえのない価値がある。君は君の道を、ただひたすらに歩めば、それで十分である。与えるべきメッセージはそれだけであろう。

結局は、子どもたちは、育てたように育っていく、育っていってくれる。そう信じられる親になりたい、大人になりたいと思う。親が子どもの心を知っているよりも、子どもは親の気持ちをずっとよく知っている、相田さんもそう言っている。

「アノネ／親は子供を／みているつもりだ／けれど／子供はその親を／みているんだな／親よりも／きれいな／よごれない／眼でね」(『しあわせはいつも』所収)

◉親は自分の価値観に自信を持て

売春が発覚して、補導された少女たちにときどき会う。概して彼女たちに反省は乏しい。「誰にも迷惑はかけていない」と強く主張する。彼女たちには、社会の規律を守ろうとする意識や、親や家族を思いやろうとする気持ちがあまりない。その種の志向を学ぶチャンスがないからであろう。彼女たちの心を育てることに周囲の人々がいかに無頓着であったかを見る思いがして、慄然《りつぜん》とする。親は自信を持って自分の考え方や価値観を、日常的に話題にして、子どもの中に自分で責任の負える本当の自主行動の芽を育てねばならない。

あんなにして
やったのに
『のに』がつくと

69　あんなにして

ぐちが出る

みつを

『生きていてよかった』所収

親は子どもに、何でもしてやること自体が喜びである。子どもの笑顔を見ることが喜びである。本来そういうものであった。

ところが近年、そうでもなくなってきた。子どもが、自分の思い通りのことをしてくれたときにしか、喜びを感じなくなった親が増えてきた。すると幼い子どものほうが、親の喜ぶようすを見てほっとするようになった。やがて親が自分の子どもを育てることに負担を感じるようになって、子どものほうでも親の存在を重荷に感じるようになってきた。学校のクラスにも家庭にも安らぎが感じられなくて、朝早くから夕刻遅くまで保健室に登校しているという子どもに、私はすでに沢山出会ってきた。

「親が生きているうちに、親を喜ばせてくれる必要はない」、私たち夫婦は子どもたちにそういうメッセージを伝えながら育児をしようと心掛けてきた。でも私たちには欲があって、天国に行ったあとでいいから、ちょっぴり喜ばせてくれないかというくらいのことは、伝えておきたいという気持ちは拭《ぬぐ》えないでいる。天国で楽しみに見ているからと。この世にいるうちは、私たち夫婦は自分たちで互いに喜びを与え合い分かち合っているから、それで十分だと言い続けていてやりたい。

お前たちの笑顔を見ているだけで、この世では十分だと。

◉子どもは、親の「作品」

子どもがいくつになっても子離れしない母親がいる。どんなに手塩にかけて育てた子どもでも、いずれ新しい自分の世界に、親のほうなど振り返りもせず飛び立っていく。希望にあふれた若者というのは、そういうものである。すばらしいことではないか。その日のために、親子で努力してきたのではなかったのか。そう考えることこそ、報酬を求めない親の愛の典型であろう。子どもという「秀作」を、世に送り出した芸術家のような心境で、再び夫婦だけの生活に戻れることに、喜びと安らぎを感じられるような夫婦関係を持っておくことが大切である。

点数

にんげんはねえ
人から点数を
つけられるために
この世に生まれて

73　点数

きたのではないんだよ
にんげんがさき
点数は後

みつを

『しあわせはいつも』所収

育児や教育の最も重要な課題は、その子どもが持って生まれた長所に気がついて、それを持っている子どもに心底ほれぼれしてやることだと思う。欠点のない人間なんていないように、長所のない子どももいない。その長所を発見して、いいなあと感激してやって、そのことを子ども自身にも気づかせてやることである。そうすれば、子どもに限らず人間はみんな百点になる。

ところが親や教師や大人たちが間違うのは、子どもの長所よりも先に短所や欠点のほうばかりを見つけ出して、それを直させようとすることである。欠点などそう簡単に直せるものではない。自分の胸に手を当てて考えてみれば分かることではないか。そんな、どうせそう簡単に直すことなどできない欠点は、そのままにしておいて、長所のほうを見つけ出してやれば、子どもはその長所を頼りにして生きていける。

育児や教育の下手な人ほど、子どもの弱点や欠点ばかりにこだわっているように思えてしかたがない。

◉テスト結果に異常な関心を持つ母のため、拒食症に

中学三年生の少女が、あるときから急に食べ物を拒否し始めて、どんどんやせ、ついには生命の危険な状態になったので入院治療を受けることになった。少女は小学生のときから常に学業成績はトップ。母親は少女の学業には強い関心を持ち続け、下校すると宿題の点検までした。テスト結果が百点だと歓喜し、九十五点だと失望した。娘は思いつめ、日記に「天涯孤独になりたい」とか「自殺したら母親は慌てるだろう」などと書いていた。この少女を治療するには、他に生きがいを見つけてやり、本人の自主性の発達を援助することが必要であった。

道

みつを

長い人生にはなあ
どんなに避けようとしても
どうしても通らなければ
ならぬ道
というものがあるんだな
そんなときはその道を
だまって歩くことだな
愚痴や弱音は吐かないでな

黙って歩くんだよ
ただ黙って
涙なんか見せちゃダメだぜ

そしてなあその時なんだよ
人間としてのいのちの
根がふかくなるのは

相田みつを美術館所蔵

親が子どもを育てるということは、まさにこの「道」を歩むことである。そして子どもも成長の過程で、親の歩み方を見ながら、通らなければならぬ「道」を歩む。しかし近年、私たち大人は、こういう道を歩むのを嫌がるようになった。労の少ない安易な迂回路を探そうとする。そして見つからないと、いらいらする。幼い子どもを激しく折檻《せっかん》するような親もいる。体罰をしないではいられない教師やスポーツの監督もいる。この子どものためには自分という支えや導きがなくてはという、静かな自信と誇りを持って、黙々と歩く親や大人が少なくなった。

一九九六年に財団法人日本青少年研究所が発表した日本、中国、アメリカの三国の高校生を対象にした、親に対する意識調査の結果は衝撃的であった。各国の高校生千名に対して、将来自分の親が高齢になって健康状態が悪くなり、誰かの手助けなしには生きていくことができなくなった場合、「どんなことをしても、親の面倒をみたい」と答えた生徒は、中国の66%、アメリカの46%に対して、日本は16%であった。また、「親は自分の子どもに介護されることを喜ぶか」という問いに対して、「とても喜ぶと思う」と答えた生徒は、中国とアメリカが同じ70％で日本は30％であった。世界一の長寿国であり、世界で最も子どもを産《う》まなくなった国・日本は今、世界一育児が困難になったのか、世界一育児が下手になったのか。本当は、育児を嫌がる国になったのだろう。そのことを子どもたちは、ちゃんと知っている。

◉子育てという長い道のりの、悲しい門出

十九歳の母親が一歳の誕生日を迎えたばかりの自分の子を抱いて、救急車で病院の救急外来にやってきた。ひどく慌てふためいていて、錯乱《さくらん》に近い状態だった。赤ちゃんは全身に何か所も、たばこの火を押しつけられたやけどがあり、脱水状態でぐったりしている。あとになって、下あごに骨折のあることもわかった。幼児の虐待である。

豊かな物質文明の中で、受験勉強という砂をかむような、無味乾燥な行事以外には、およそ思考も努力もしたことのないまま成長した世代がある。彼らは、衝動的、刹那《せつな》的に行動するしかなくなっている。

泣

強がりなんか
いうことないよ
やせがまんなど
することないよ
だれにえんりょが

いるもんか
声をかぎりに
泣くがいい
ただひたすらに
泣けばいい

『いのちいっぱい』所収

最近の子どもや若者たちは、悲しみを失いつつあるという。いや、それは大人たちだって同じことだと思う。悲しみの感情を失うということは、同時に喜びの感情も失うということである。悲しみが豊かだということは、その裏面に対をなしている喜びを感じるものも豊かだということだからである。

喜びも悲しみも感じにくくなったということは、何も感じなくなったかというと、そうではなく、怒りの感情を強く大きくしていると思う。些細《ささい》なことでいらいらしやすく、若者たちは、ムカツクとか超ムカツクなどという過激なことばを作り出してきた。従来のことばでは表現できないほどの、腹の立ちようなのであろう。そしてついに、そう表現される感情の針も振り切れてしまって、キレるところまで来てしまった。

ドイツには「喜びは友だちと分かち合うと二倍になり、悲しみはそうすることで半分になる」というすばらしい格言があると、以前A・デーケン氏（＊）がテレビで話しておられた。自分の喜びを喜んでくれる人に恵まれることは、その喜びを二倍にも三倍にもすることができるようになる。そして悲しみを共に悲しんでくれる人に恵まれることは、その悲しみを際限なく小さくすることができる。こうした感情は幸福な出会いによって育てられてくる。だから、悲喜の感情を共有し共感し合ってくれる家族や先生や友人に恵まれなければ、そうした感情が豊かに育つはずがない。悲しみの心を失わないように。そうすれば、喜びの気持ちは自然についてくる。それらは表裏の感情だから。悲しいときには、遠慮しないで泣くことが大切である。

●豊かな感情表現は、家族間の愛がはぐくむ

学校の勉強以外に何もすることができない、という不幸な中学生や高校生に、よく会うことがある。試験の点数や学業成績の順位が気になって、他のことに手がつかないのである。彼らは絶えずいらいらしていて興奮しやすく、家族中ではらはらしている。思春期は家族以外の人に、新たな愛の対象を求めるときでもあるのに、最初の家族間の愛も不十分なまま、創造性の乏しい機械的な試験勉強を強いられている若者たちを見ていると、将来彼らが家族以外の人に向かって、健康な愛や性の欲求を解放することは不可能のように思えてくる。

85　つまづいたって

つまづいたって
いいじゃないか
人間だもの

『こころの暦　にんげんだもの』所収

つまずかなければ学べないことが沢山ある。失敗は成功のもとである。つまずきや失敗のない成功はないであろう。先人たちはそのことをよく知っていた。だから七転八起というような格言を残したりして、後世の私たちを慰め励ましていてくれる。

私の親しい友人で、自閉症の治療教育で世界的に名高い北カロライナ大学のG・メジボフ教授は、よくこんなことを言って仲間たちを励ましている。一生懸命やっていれば、一見失敗に終わったように思える結果が出ても、それは決して無駄であったのではなく、そこからは学ぶことが多いものである。There are no mistakes. There are only lessons.

努力や経験したことは、すべて人格の中に蓄積されて、人間を豊かにしてくれる。だからミヒャエル・エンデ（＊）は、学んだ知識の具体的な細部は忘れたっていい、試験の答案に要求されるようなことなどみんな忘れたって、学ばなかったということとは全然ちがうのだと言っている。私もそうだと思う。

問題は、つまずきや失敗によって、どんなに学ぶものが大きいかということを、親や教師や大人たちが本当によく知っていなければならないということである。そうでなければ、その真意は子どもたちによく伝わるはずがない。つまずきから立ち直れないような傷つけ方をしてしまわないように、自分もたしかにつまずきや失敗が大切であったという実体験を、生き生きと思い出しながら子どもを育てたい。

◉人生に出発は、何度もあっていい

医学的に異常が発見されない、心因熱、心因痛、心因マヒと呼ばれる症状は、精神的・心理的な苦悩が身体症状として現れたと考えられる。音楽の世界では、古典音楽を学ぶ学生に多い。この分野は自己で進路を決定できない時期から、教育を受けねばならないからである。彼らは親の勧めに従い、幼児期から練習に打ち込み、独立した自己を確立しないまま成長した。音楽に自信をなくしたある青年は、これまでの努力を考えると簡単に音楽を放棄できず、不安と焦りで苦悩し、健康まで損なってしまった。こうした例は、古典芸能を受け継ぐことを運命づけられた子などにもよく見られ、最近ではスポーツ界にも広がってきている。

子供へ一首

どのような
道を
どのように

にぶくとも
いのちいっぱい
に生きれば
いいぞ

みつを

『にんげんだもの』所収

ここでもう一度強調しておきたいと思う。短所のない人間もいないが、長所のない人間もいない。だから子どもたちには「いのちいっぱいに生きればいいぞ」と、ただそれだけ言ってやればよいのに、私たち大人は、他に余計なことを言って、道を見失ってしまう子どもにしてしまう。「どのような道」でもいいのに、この学校でなくてはだめだ、とか言ってしまう。

教育とは、あらゆる子どもが必ず持っているその子固有の長所を見つけて、それに感動してやること、そしてそのことを子どもに伝えてやることだと思う。短所を探し出して直してやることなど、本当はしなくてもよいことだとさえ思っている。容易なことでは直せないし、その前に子どもの人格を、元も子もない状態に壊してしまうことが多い。

相田さんのことばに「花はただ咲く／ただ／ひたすらに」（『にんげんだもの』所収）というのがある。

子どもが、自分のことを好きになれるように育ててやりたい。それもできるだけそのままで、ありのままの自分を好きになれるように。だから「そのままでいいがな」と言ってやりたい。人生の最初から言い続けてやりたい。

◉仕事を認められ、登校拒否を克服

父親を幼児期に失い、母ひとりに育てられた高校二年生の若者がいる。中学二年生から不登校となり、進学した高校にも通わず、オートバイを乗り回すだけの生活をしていた。母親と診察室に来た彼は一八〇センチの大柄な体を小さくして、「何をしたらいいのか、分からない」と悩んでいた。偶然、ある党の選挙事務所の運動員が、彼にポスター貼りのアルバイトを依頼した。自分でもなぜか分からないが、代表者から特別な礼をもらうほどよく働けたという。選挙事務所特有の強烈な他者への共感性が若者の心にエネルギーを注入したのだろう。それが彼の自信となり、不登校状態から脱出した。このような若者に最近よく会う。

文庫化記念

相田みつを美術館　相田一人館長　特別寄稿

人生にはさまざまな
出逢いがありますが、
なかでも最大の出逢いは、
親と子の出逢いではないかと
思うようになりました。

従来にない子育ての本

父・相田みつをの本は何冊か出ておりますが、どれも作品を世の中に紹介するという趣旨でつくられています。つまり、いろいろなタイプの作品が一冊の本の中に入っているわけです。ですから、「子育て」という一つの視点から作品を集めた『育てたように子は育つ』という本は全く初めての試みでした。しかも一点一点の作品について児童精神科医の佐々木正美先生が解説をするという内容でしたから、小学館さんからお話をいただいたときには、正直申しまして非常に慎重になりましたね。

しかし、佐々木先生と実際にお会いして、また著書も読ませていただくことによって、不安は完全に払拭《ふっしょく》されました。佐々木先生は豊かな臨床体験がおありになると同時に、研究者としてもとても深いものを持っておられる。お人柄に感銘を受けました。この方が文章をお書きくださるのであればきっといいものができると確信し、企画をお受けすることにしたのです。

当時は相田みつを美術館が開館して三年もたっていなかったころで、今ほど若い方は多くなく、どちらかというと中年以降の方が主に来館してくださっていました。人生の中で、つまずいたときや、ご病気をされたようなときにふと思い出し、訪れてくださる方が多かったように思います。今もそのような方はたくさんいらっしゃいますが、この本が出たことによって、子育て真っ最中と思われるお母さんの姿が多く見られるようになりましたね。また、お子さま連れで来てくれる方も増えて、夏休みなどは親子ミュージアムと化しています。

やはりそれは本の影響《えいきょう》でしょう。

一九九九（平成十一）年に単行本『育てたように子は育つ』が発売されると同時にミュージアムショップにも並べたのですが、おもし

相田一人……あいだ かずひと

相田みつを美術館館長。昭和30年栃木県足利市生まれ。相田みつをの長男。出版社勤務を経て、平成8年、東京銀座に相田みつを美術館を開館。平成15年11月、東京国際フォーラムに移転。『じぶんの花を』（文化出版局）などの編集、監修に携わる。

ろかったのは、みなさんちょっと身構える感じで、恐る恐る手にとられているのですね。何人かから感想を直接うかがったところ、「怖いタイトルですね」ということばが返ってきました。また、初老の女性の方が手にとってひと言、「わが家はもう手遅れよ」とつぶやかれていたのも忘れられません。思わず笑ってしまいました。『育てたように子は育つ』という本は、このタイトルだけで、さまざまな方にさまざまな思いを抱かせるのでしょう。

発表後はだんだん読者が広がっていき、美術館ではこの本に伴った企画展も何度か行いました。おかげさまで好評でした。今回の文庫化によって、さらに多くの方に手にとってもらうことができれば、うれしいですね。サイズが小さくなったことで持ち運びがしやすいですし、家庭を離れたところで家族を思いながら読んでいただくと、単行本とはまた違った読み方ができるのではないでしょうか。お母さんのバッグに入るサイズ、これが何よりです。

出逢いとタイミング

父はよく、「逢」ということばを書いておりました。「出逢い」の「逢」ですね。この「逢」といっしょに書いていたことばに、「タイミング」があります。「出逢い」というのは「タイミング」がすべてなんだと、生前父はよく言っていました。タイミングが合わないと、どんなに切実に出逢いを望んだとしても、ほんとうの出逢いというものは残念ながら訪れない。ところが反対に、タイミングが合うと、人生を根底から変えるような大きな出逢いが生まれる、というのです。佐々木先生と父・相田みつをとの出逢いは、まさにタイミングがピタッと合った例ではないかという気がしています。

本として考えても、単行本が出版された時期が、ある意味で世の中とタイミングが合っていたのではないでしょうか。この本の出版前後くらいから、子どもに関する悲惨な事件が急速に増えてきました。そういう世の中から必要とされた本だったと言えるかもしれません。

人生にはさまざまな出逢いがありますが、なかでも最大の出逢いは、親と子の出逢いではないかと私は最近思うようになりました。子どもが生まれたこと

2003年に東京国際フォーラムに移転した相田みつを美術館。人気の観光スポットでもある。

によって親も誕生するわけですから、それこそ人生を根底から変える大きな出逢いと言って差し支えないでしょう。その親と子の関係をより深めていけるように、佐々木先生は、相田みつをの書に真剣に向き合ってくださった。そして、親や子を真の意味で励ますことばを本書にたくさん書いてくれたと思います。ここにほんとうの意味でのコラボレーションが生まれたことに、大変感動しております。

　たとえば本書の中の『ひとりになりたい　ひとりはさびしい』と

いう作品。これについて、先生は「『孤独』になることは、時に必要である。しかし『孤立』はいけない」と書いておられます。この「孤独」と「孤立」というのは、引きこもりの問題などを見ると、今の時代、ごっちゃになっているように感じます。しかし、こうやって「違うものだ」と明確に言われると、なるほどな、と深く理解することができますね。さらに、「人は人の『間』にいて、初めて『人間』になる」とも書かれています。非常に鋭い指摘で、長年の臨床体験があってこそ言えることばだろうと思います。単行本が出版されてから十年近い年月がたっていますけれども、いまだに読み継がれているのは、佐々木先生の明晰《めいせき》で、生き生きとしたことばによるところが大きいですね。

父・相田みつを

父の作品は、だれかに向けてのメッセージというものではありません。人に何かを伝えたいというものではなく、自分自身に向けてのことばなのです。相田みつをが相田みつをに向けたことば、これが基本的な作品のスタイルです。

ところが、この本をつくる過程で、父の中で「子ども」というのは意外と大きなテーマだったのではないかと考えるようになりました。明らかに子どもに向けたことばかなと思えるようなものが結構あったのです。子どもなんていうと人ごとみたいですが、私を意識して書いた作品なんですね。

『欠点まるがかえで信ずる』、『そのままでいいがな』、もちろん『育てたように子は育つ』も皆そうでしょう。父にとって私は初めての子どもですから、最初はかわいかったんだとは思いますが、できの悪い息子を持った嘆きもあったのでしょうね。これらの作品からそれが伝わってきます。

こんな思い出があります。中学時代のある夏休み、私は宿題もやらずに遊んでばかりいました。ある日帰ってきたら部屋に色紙が飾ってあったのです。父の字で、『やれなかった　やらなかった　どっちかな』と書いてありました。なんて嫌みな親父だろうと思いましたね。怒られたほうがまだすっきりするのに、これでは真綿で首を絞められるようなものです。勉強や成績に関しては放任主義でしたが、高校受験もあるのでさすがに心配になったのかもしれません。

そのころから、もしかしたら父は若干、私を念頭に置いて作品を書いているのかもしれないな、と感じるようになりました。

子どものころは、人から父の職業を聞かれると、どう答えたらいいのだろうとよく迷ったものです。書家といっても、いわゆる世間一般でいう書家のイメージとも遠いですし、言いようがないのです。ですがその半面、自分の父親が〝こういう人間だ〟というイメージは、かなり小さいころから持っていました。人に説明するのは難しいけれども、父にしかできないユニークな仕事をしているのだろうな、と漠然とわかっていました。

父・相田みつをの作品には、だれもが心の中で思っているようなことを、また思ってはいてもなかなかことばで言い表せないようなことを、短いことばで簡潔に表現しているという特徴があります。短歌を作っていた影響で、リズムもとても大切にしていました。ほかに、父の作品の特徴は、(一)「平仮名中心であること」、(二)「だれにでも読める文字で書かれていること」、そして、(三)「見る人それぞれが自由に受けとめることができること」というふうになるでしょう。父は決して、こうしなさい、とか、ああしなさい、とか、決めつけることはしません。こうするときっとうまくいくよ、とか、成功するよ、などということも言っていないのです。それでは人生訓になってしまいますから。あくまでも自分自身に向けて作品を書き、解釈は見る人の自由にゆだねているのです。

もちろん父なりの思いというものはありました。『うつくしいものを　美しいと思える　あなたのこころが　うつくしい』という作品があるのですが、これは父の子育ての原点ですね。美しいものに素直に感動できる心というのは、逆に言うと、戦争なり犯罪なりいじめなり、そういうものを見たり聞いたりしたときに、「これはいけない。これは間違っている」ときちんと判断できる心だと父は考えていたのです。

子どもが小さいうちに親がしておかなくてはいけないことはいくつかあるけれど、その中の一つは、美しいものを見て、美しいと思える心を養っておくことだ、ということをよく言っていました。では、どうすればそのような心を育

企画展も含め、展示作品は年に約４回掛け替えが行われる。右の写真は生前の相田みつを。

ててやることができるのかというと、まずは親自身が美しいものを見て感動しないことには始まらない、というのが父の考えです。

　学校の成績には無関心な父でしたが、じつは子どもの学校のＰＴＡ活動には熱心でした。最近、父が小学校のＰＴＡの会長をしていたときのノートが偶然みつかったのですが、そこに以下の三つのことばがメモしてありました。

(一)「未来はだれにもわからない」、(二)「子供はその未来を生きるものである」、(三)「そのとき親の手は届かない」。この三つのことばには、父の子育ての思いが端的に現れています。

子どもというものは、親亡きあとも、長い人生を一人で生きていかなくてはなりません。ですから、親の務めとは、親の手が届かなくなったあとも、子どもが一人でたくましく生きていけるように育てること、それが子育てというものなのではないかと父は考えていたのでしょう。

この数年で、世の中は大きく変わりましたね。携帯メールやパソコンを日常的に使う子どもも珍しくはありません。バーチャルなものが小さいうちから刷り込まれるような時代になっていますし、我々の子ども時代とは、社会のあり方も感性のあり方も違ってきています。それがいい、悪いということではなく、親には想像できない時代を子どもたちはこの先もずっと生きていくということ。親は常にそのことを心に留めておかなければいけないのでしょうね。

次の世代を考えられる美術館に

相田みつを美術館は、おかげさまで開館十一年を迎えました。世の中に父のことを知ってもらいたいという思いから、九六(平成八)年に開館したのですが、現在はそういうところから離れて、見る方一人ひとり、それぞれの相田みつを像が生まれつつあるのかもしれません。

辛《つら》いとき、苦しいときの励ましのことばとして見てくださっている方もいれば、まさにこの本のテーマのように、子育ての指針になることばとして受けとめてくださっている方もいるでしょう。

父の作品は、それを見る方と同じ地平でことばを発しています。決して上からものを言ってはいない。先ほども触れましたが、基本的に自分に向けてのことばです。人生訓とか、教え諭すというものではなく、生きる上で悩んだり苦しんだりしている自分自身をさらけ出しているんですね。そこに見る方が共感されたり、感動してくださったりするのではないでしょうか。

あるとき来館した女子高生が「親からこういうことを言われるとカチンとくるんだけど、〝みつをちゃん〟から言われると、そうだなぁと思う」と言っているのを耳にしました。自分のことを顧みても、中高生のころというのは親に反発する時期です。つまり、高いところからものを言われると、過敏に反応します。この女子高生は、相田みつをが自分と同じところからことばを発していると無意識に感じ取ってくれたのでしょう。大変うれしいひと言でした。

これはじつに不思議なことなのですが、どんなに印刷技術が発達しても、複製品と原作には決定的な差があるのです。原作を見ると、これを書いた相田みつをという人間も、今ここに立って作品を見ている自分と同じように、つまずいたり、ころんだり、いろいろと悪戦苦闘をしていたのだな、ということが伝わってくるはずです。

父は私が三十六歳のときに亡くなりました。生きているときは反発することもありましたが、いつの間にか美術館が仕事になってしまいました。人生わからないものですね。私も五十歳を超え、次第に次の世代というものに関心が向かっています。以前よりも、若い人たちを意識するようになりました。

美術館で年に四回ほど行う企画展のほかに、地方での展覧会もよく行っています。この地方での展覧会でとくに思うのは、やはり若い人に見てほしいということです。また、小・中学校や高等学校で講演させていただく機会も増えました。そのようなときに私は、「今はなんの関心もなくてもいいけれど、何年かたって、辛いとき、苦しいとき、追いつめられたりしたとき、相田みつをのことばを思い出してみてほしい」とお話しするのです。本の出版なども、若い人が手にとりやすい形というものを考えます。

美術館としては、今後、相田みつを作品の背景をわかりやすく解明する部分を強化していきたいですね。父はいきなりこういう書体で書いていたわけではないので、書体の変遷などを見ていただきたい。それから、父は今でこそ書家・詩人として知られていますが、原点は短歌ですから、歌人・相田みつをの時代のこととか、いわゆる〝相田みつを〟が誕生する以前についても、紹介していけたらと考えております。

本文中に出てきた人名・用語名などの解説

＊フロム

Erich Fromm（一九〇〇―一九八〇）アメリカの精神分析学者。社会思想家。ドイツのフランクフルト生まれのユダヤ人。一九三四年アメリカへ亡命。新フロイト派の代表者の一人で、社会的性格論を展開。著作に『自由からの逃走』（一九四一年。邦訳は一九五一年東京創元社刊）『正気の社会』（一九五五年。邦訳は一九五八年社会思想社刊）など。

＊エリクソン

Erik Erikson（一九〇二―一九九四）アメリカの精神分析学者。ドイツ生まれのデンマーク人。学校教育を嫌い、アイデンティティー（主体性、自己同一性）について考えながら、各地を放浪。フロイトの精神分析の流れをくむ。著作に『アイデンティティー』（一九六八年。邦訳一九七三年金沢文庫刊）『幼児期と社会』（一九五〇年。邦訳一九七七―八〇年みすず書房刊）など。

＊デーケン

Alfons Deeken（一九三二―　）ドイツ生まれの哲学者。来日し上智大学で講座を持つ。専門は生と死の問題（死生学）で「死の哲学」を講義。著作に『第三の人生』（一九八四年、南窓社）『ユーモアは老いと死の妙薬』（一九九五年、講談社）『死とどう向き合うか』（一九九六年、NHK出版）など。

＊エンデ

Michael Ende（一九二九―一九九五）ドイツ生まれの作家。一九六一年『ジム・ボタンの機関車大冒険』でドイツ児童文学賞を受賞。『モモ』と『はてしない物語』（一九七二、七九年）が世界的ベストセラーに。しばしば来日。長野県の黒姫童話館には彼の作品を中心とする展示室がある。

相田みつを美術館

所在地▼〒１００―０００５　東京都千代田区丸の内３―５―１　東京国際フォーラム地下１階　**アクセス**▼ＪＲ「有楽町駅」国際フォーラム口より徒歩３分。「東京駅」（ＪＲ・地下鉄丸ノ内線）丸の内南口より徒歩５分。京葉線「東京駅」と地下１階コンコースにて連絡。地下鉄有楽町線「有楽町駅」より徒歩３分。三田線「日比谷駅」より徒歩５分　**休館日**▼月曜日（祝日・祭日・夏休み・年末年始の場合は開館）　**開館時間**▼午前１０時～午後５時半（入館は午後５時まで）　**電話**▼０３―６２１２―３２００（代表）　**ファックス**▼０３―６２１２―３２０１　**24時間テレフォンガイド**▼０３―６２１２―３２０２　**ホームページ**▼http://www.mitsuo.co.jp/

本書のプロフィール

本書は、一九九九年二月に小社より刊行された同名の単行本に、一部加筆・修正を行い、文庫化したものです。尚、相田一人館長の特別寄稿は、当文庫のオリジナルです。

企画／杉浦正明（子育て協会）
協力／相田みつを美術館
撮影／峯岸雅昭（小学館写真室）
校閲／桜井健司、小林興二朗
デザイン／森デザイン室 編集／実沢まゆみ

シンボルマークは、中国古代・殷代の金石文字です。宝物の代わりであった貝を運ぶ職掌を表わしています。当文庫はこれを、右手に「知識」左手に「勇気」を運ぶ者として図案化しました。

───「小学館文庫」の文字づかいについて───
● 文字表記については、できる限り原文を尊重しました。
● 口語文については、現代仮名づかいに改めました。
● 文語文については、旧仮名づかいを用いました。
● 常用漢字表外の漢字・音訓も用い、
　難解な漢字には振り仮名を付けました。
● 極端な当て字、代名詞、副詞、接続詞などのうち、
　原文を損なうおそれが少ないものは、仮名に改めました。

書名　育てたように子は育つ

著者　相田みつを

二〇〇七年十二月十一日　初版第一刷発行

著者　佐々木正美

編集人——飯沼年昭
発行人——佐藤正治
発行所——株式会社　小学館
〒一〇一-八〇〇一
東京都千代田区一ツ橋二-三-一
電話　編集〇三-三二三〇-五八一七
　　　販売〇三-五二八一-三五五五
印刷所——図書印刷株式会社

©Mitsuo Aida・Masami Sasaki 2007 Printed in Japan ISBN978-4-09-408236-4

造本には十分注意しておりますが、万一、落丁・乱丁などの不良品がありましたら、「制作局」（〇一二〇-三三六-三四〇）あてにお送りください。送料小社負担にてお取り替えいたします。（電話受付は土・日・祝日を除く九時三〇分〜一七時三〇分までになります。）

R〈日本複写権センター委託出版物〉
本書の全部または一部を無断で複写（コピー）することは、著作権法上での例外を除き禁じられています。本書からの複写を希望される場合は、日本複写権センター（〇三-三四〇一-二三八二）にご連絡ください。

この文庫の詳しい内容はインターネットで
24時間ご覧になれます。またネットを通じ
書店あるいは宅急便ですぐご購入できます。
アドレス　URL http://www.shogakukan.co.jp